点亮
亲子教育

培养有国际竞争力的中国孩子

Light it up，Light us up

点亮
亲子教育

培养有国际竞争力的中国孩子

Light it up, Light us up

好妈妈的正面管教课

[日] 金盛浦子 · 著
张宁 · 译

中国经济出版社
CHINA ECONOMIC PUBLISHING HOUSE
· 北 京 ·

图书在版编目（CIP）数据

好妈妈的正面管教课 /（日）金盛浦子著；张宁译
. -- 北京：中国经济出版社，2022.8
（全球教子智慧书系）
ISBN 978-7-5136-7012-8

Ⅰ. ①好… Ⅱ. ①金… ②张… Ⅲ. ①家庭教育
Ⅳ. ①G78

中国版本图书馆CIP数据核字（2022）第128218号

选题策划 崔姜薇
策划编辑 张 博
责任编辑 张 博
责任印制 马小宾
封面设计 任燕飞装帧设计工作室
封面插画 晓 静
内文插画 晓 静
内文漫画 沖 司

出版发行 中国经济出版社
印 刷 者 北京富泰印刷有限责任公司
经 销 者 各地新华书店
开　　本 880mm × 1230mm 1/32
印　　张 3.75
字　　数 100千字
版　　次 2022 年 8 月第 1 版
印　　次 2022 年 8 月第 1 次
定　　价 58.00 元
广告经营许可证 京西工商广字第 8179 号

中国经济出版社 网址 www. economyph. com 社址 北京市西城区百万庄北街3号 邮编 100037
本版图书如存在印装质量问题，请与本社发行中心联系调换（联系电话：010-68330607）

前言

"啊，坏了，我又这样说了。"

明知不能说的话，却还是没忍住。这种事在每个人身上都发生过吧。但是我说的话并没有恶意，孩子也会马上忘记，就算孩子在意，那也没办法。

您是否会这么想呢?

然而，正是这些无意识的语言毁掉了孩子，负面的口头语就像大剂量的毒药，会毒害孩子。

语言无论好坏，都拥有超乎想象的力量。

人类的思考、感情都是通过语言来创造和表达的。从心理学的角度讲也是这样。平时父母反反复复对孩子说的话，对孩子的潜意识有潜移默化的影响，最终会成为孩子自己的意识。

"你什么都不行。"

孩子每天听着这样的话长大，慢慢地这些话就会渗透到他们的潜意识里，最后就会形成“我什么都不行”的意识，不知不觉中就会采取消极的行动，甚至消极的生活方式。

孩子内心蕴藏着不可思议的力量。家长们请相信孩子的力量吧！只要相信他们，他们的力量就会自然地增长。在本书中，我会从很多不同的角度来介绍引发这种力量的口头语。

相信您的孩子，还有您自己都会发生翻天覆地的变化。怎么样？想开启更加美好的人生吗？

请您满怀期待地翻开这本书吧！

目录

序章　父母的口头语会改变孩子的性格

第1章 父母改变了，孩子就会改变

第2章 改变孩子性格的绝密口头语

序　章

父母的口头语会改变孩子的性格

你说什么？！
转头
我不想去学钢琴了
我小时候想学钢琴都学不上！
头疼
总是这么任性！
郁闷……
我想学钢琴……
哎，妈妈怎么会这样。
我不管你了，爱怎么样就怎么样。
哎？
……小时候的……我？！
那是什么？？

很难过……
不知为什么忽然……
可怜的我……
呜呜~~
啊？
都是我的不好
我让妈妈不高兴了

对孩子说的话隐藏着父母儿时的成长经历

“你可真是个不争气的孩子。”

“你哥哥马上就能做好。”

妈妈们不知不觉就把这些话说出口了。

我见过太多因此受到打击的孩子了。可是不少妈妈虽然知道这些话会给孩子带来很大的打击，却还是会一说再说。

这些妈妈们好像被施了魔法一样，完全控制不住自己的言语。

说出这些话的妈妈要先审视一下自己，妈妈们说的话绝对不是偶然说出口的，这些话展现了她们的心理活动。

有读者看过《魔女嘉莉》[1] 这部电影吗？电影的第一版是将近四十年前拍摄的，最近翻拍的版本上映了，可能有人看了。

电影讲的是一位拥有超能力的少女备受欺凌，最后在一个聚会的夜晚把同学和老师全部杀死的故事。少女嘉莉和她妈妈

---

① 《魔女嘉莉》由金伯莉·皮尔斯执导，科洛·格蕾斯·莫瑞兹、朱丽安·摩尔主演的恐怖电影，于 2013 年 10 月 18 日在美国上映。该片根据斯蒂芬·金的同名小说改编，讲述了处在青春期的离群少女嘉莉利用意念移动物体的超能力对同班同学进行报复的故事。——译者注

的关系可以说就是亲子语言交流的一个模型。

她的妈妈是一个极度的禁欲主义者，她的妈妈连月经的知识都没有教给她，她月经初潮时妈妈觉得她很污秽，硬是把她关进了忏悔室。

实际上，母女间如此压抑的关系是孩子的妈妈造成的。

嘉莉的妈妈在生下嘉莉之后，嘉莉的爸爸就抛弃了她们，自那以后，她的妈妈就认为性是很肮脏的事，一直很厌恶。因此嘉莉的妈妈就将压抑的情绪发泄在了嘉莉的身上，所以才造成了她们如此不健康的母女关系。而且嘉莉的妈妈不断地对女儿说令人压抑的话。

不知道电影内容的读者或许很难想象。不过这种情况也经常出现在平常的亲子关系中。

我来介绍一个具体的例子吧。

我在做心理咨询师的时候接触过这样一个案例。一位27岁的女士，虽然已经怀孕，但很怕生孩子。虽然她的经历没有嘉莉的妈妈那么不幸，但她也有过不好的性经历，结婚后先生约她去酒店她都非常不愿意去。

实际上，在她十几岁时，她的父母就离了婚。后来和她的妈妈交往的男性对她有过性骚扰。这段经历成了她的心理阴影，让她一直对性很排斥。

结婚后不久她还是生了孩子，结果她内心压抑的感情都发泄到了孩子身上。孩子才刚刚达到上幼儿园的年龄，她就极其严厉地管教孩子。

我会在这本书中跟大家一起探讨父母对孩子说的话背后那些深深隐藏着的父母自身的成长经历。

父母不要通过孩子来弥补自己的童年缺憾

“零花钱就一千日元，没人比我的少了。我的朋友们都有五千日元。”

“你说什么呢？你平时买杂志、买文具，我不都给你钱了吗？足够你用了！”

“要是给我三千日元我就都自己买了。”

“别不知足！我像你这么小的时候哪有什么零花钱！”

“可是时代不同了！”

“跟时代没关系！”

这样的对话大家不陌生吧？

接下来这位妈妈肯定会接着说：“就是你太浪费了！

几乎每个月都给你买穿的，知道你去上兴趣班要花多少钱吗？

游戏不也刚给你买了新的吗？下个月还要全家人一起出去旅行呢！

哪一样也没差你的，你还有什么不满足的？

我小的时候哪有钱上兴趣班啊！”

我想跟这位妈妈说：来，先冷静一下。

对话再继续下去估计妈妈说的就都是对自己儿时的抱怨和不满了。

估计妈妈们都有过类似的体验吧，只是程度不同，就是自己小时候父母没能给自己实现的愿望，转过来都要帮自己的孩子实现。

这种愿望的出发点绝对没错，但再走两步甚至三步，方向慢慢地就变了。

父母的思想是营养还是毒药究竟取决于什么？

自己想学的特长小时候没学上，无论如何要让孩子学上。

自己没怎么好好打扮过，一定要把孩子打扮得漂漂亮亮。

自己没有独立的房间，一定要让孩子拥有独立的房间。

……

为人父母一定理解上面这种心情吧。

“无论如何要让孩子学特长”“一定要让孩子穿得好”“一定要让孩子拥有独立的房间”，后半段都没问题。但是“自己小时候没实现”这前半段就有点儿问题了。

特长或者打扮都是单纯从孩子的角度考虑的吗？

父母只有真正了解孩子现在的状况、在想些什么、想做什

为孩子做的事情真的是在了解了他的想法之后，

从孩子的角度出发做出的选择吗？

么之后，才会变成滋养孩子的维生素，变成营养。

但是如果出发点掺杂了“父母”的意愿会怎么样呢？“为孩子做的事”结果变成了把自己小时候没能实现的愿望放在孩子身上，借此来满足自己。

“为孩子做的事”其实是为自己而做的。

这样的话，为孩子做的事很可能就会成为毒药、病毒。大家是否有这样的感受呢？

不过这样做的父母大多根本没有想过自己为孩子做的事情会变成毒药。

您为孩子做的事情真的是在了解了他的想法之后，从孩子的角度出发做出的选择吗？请您重新审视一下。

父母有没有把自己儿时的伤痛通过教育孩子来抚平？

大概两年前，我有机会再次见到了以前认识的一位女士，听到了让我很震惊的事。她告诉我她就要结婚了，但她一直没有和她的妈妈见面，也不打算邀请她的妈妈来参加婚礼。

这位女士 27 岁，我认识她的时候她还是小学生，那时候她们母女关系看起来很好。感觉她说什么，她的妈妈都会听，而她也很黏妈妈，很爱撒娇。

可是现在她快结婚了，却已经快有两年没见过她的妈妈了。

她们母女之间到底发生了什么呢？

我不禁问了她其中的原因，结果她是这样回答的："我妈妈确实什么都会为我做，但从小我就没体会过妈妈的爱。不仅如此，我还总觉得妈妈恨我。"

她还说虽然她们曾经看起来那么亲密，但内心的疏离已经不是一两天的事了。

她第一次感觉到憎恨妈妈是她上幼儿园大班时，妈妈给她买了一套玩偶娃娃屋，那套娃娃屋很大，漂亮的屋子里配有家具，厨房里还有灶台。另外还配了很小很可爱的厨具套装和梳妆用具。对于幼儿园的小朋友来说，那可真是很奢侈的玩具。

事实上一个跟她关系很好的朋友 K 也有一套娃娃屋，她一直很羡慕，还经常去朋友家玩儿。

不久她的妈妈就给她也买了一套娃娃屋作为生日礼物。不用说，她高兴极了。看到女儿高兴的样子，她妈妈只说了一句："这套可比 K 的那套贵哦！"

她当时还是个上幼儿园的小孩子，再精美的娃娃屋玩儿久了也会很快厌倦。有时候她还会把小道具随便一扔，或者把哪里弄坏了，还说："我不要了。"

听了女儿的话，她妈妈的怒火马上爆发了："就是为了你买的，你说什么呢？"一边喊一边把娃娃屋扔到地上摔坏了。

这时的女孩确实觉得自己不对，但她觉得妈妈不爱自己了。

我猜大概她妈妈小的时候父母什么都没给她买过，所以才会什么都买给女儿，可是女儿怎么能这么不珍惜呢？

孩子虽然很小，但却比大人想象的敏感。

或许她妈妈嫉妒自己的女儿想要的东西都能得到，不像自己小时候不受重视，可是女儿却根本不珍惜，所以她恨女儿。女儿也感受到了妈妈的恨意。

这位妈妈的想法看似意外却是普遍存在的。

一般这样的想法不会被激化，只是在特定的场合下，当不被宠爱的自己和被宠爱的女儿形成了强大的落差时，这种想法带来的情绪就会瞬间爆发。

妈妈会想："她为什么会这样？"您是否也有过这样的想法？

现在的孩子也因为兄弟姐妹少，所以在各方面都被满足，有时候受到的就是溺爱。

您为孩子做的事是否只是为了满足自己呢？

是否通过孩子来弥补自己曾经没被满足的事情呢？

当您要为孩子做什么的时候，请再次考虑一下自己行动的出发点。

家长的表情比口头语更能影响孩子

前面我们说了父母的口头语会多么地伤孩子的心。可能有的妈妈会觉得自己没有对孩子说那么伤人的话。

例如，看到孩子的房间总是乱七八糟的时候，妈妈可能只是很平静地说了一句："哎呀！您还没收拾啊！"或者深深地叹了口气连话都没说。可是此情此景中您的表情是什么样呢？

您的表情是否非常的轻蔑，仿佛在说：“这孩子不管跟他说什么他都不会听。”

即使没有这么极端，但孩子听到这样的话语也能想象得出妈妈否定自己的表情。可能父母并没有注意到这些，但孩子可一点儿都不会忽视。

有时父母的表情比语言更让孩子伤心。有的父母可能已经对孩子非常绝望了，甚至都不知道说什么好了，这些孩子都能感觉得到。

我曾经给一个 18 岁的女孩儿做过心理治疗，她拒绝上学，并一度产生轻生的念头。在治疗过程中我得知这个女孩儿从幼儿时期就一直看妈妈的脸色生活，而且她的爸爸妈妈关系也有问题，关系有多不好也要看妈妈的脸色才知道。

于是她就习惯了不仅看妈妈的脸色，在学校还要看老师和朋友的脸色。

等到了 16 岁的时候，她忽然觉得迷失自我了，于是才有了各种异常的行为。

父母经常对孩子说的最可怕的话是让孩子自我否定

我觉得父母对孩子虐待的情况现在越来越严重了，酿成刑事案件并向公众曝光的只不过是冰山一角，做心理咨询师的我也听说过不少。

大部分遭到虐待的孩子没有说出真相的原因之一就是他们必须依靠自己的父母。

即使有的家庭虐待已经被邻居察觉，并且有社会工作者和警察介入的时候，孩子也会不停地说：“妈妈没有错。是我不对，没听妈妈的话。妈妈真的没错。”

不管受到多么明显的虐待，绝大部分情况下孩子都不会反击父母，而会谴责自己。

这一点也适用于父母的口头语。

如果父母总是把否定的语言挂在嘴边，孩子也会否定自己，觉得自己没出息，没有一点儿可取之处，是一个没用的人，甚至还会陷入死角，觉得自己是一个只会给别人添麻烦的人，活着没有什么意义。

这些孩子本就没有得到足够的来自父母的无条件的爱，而且状态还会每况愈下。之后就会有自残的行为，最坏的情况是产生轻生的念头。

人被否定之后肯定不会萌生自信，也不会有自己的个性和自主性。

父母口头语的最可怕之处，就是让孩子自己否定自己。换言之，伤害孩子的口头语慢慢地就会变成勒紧孩子的枷锁。

人被否定之后肯定不会萌生自信，

也不会有自己的个性和自主性。

父母在决定之前请重新审视自己

“真是的，你总是嘴上说，却根本没有实际行动。我已经听够你说的‘下次做了’。”

一不留神，上面的话就说出口了。很多情况下父母都会这么说。最多的应该就是关于孩子的学习吧，不然就是和收拾房间有关。

不过，在话说出口之前先思考一下。

其实孩子肯定知道不收拾房间是不对的。

虽然知道，但却不愿意做。为什么不愿意做呢？可能孩子自己也搞不清楚。

这时家长就会说：“总是口头说，可根本什么都没做啊！”

家长这样一指责，孩子肯定会顶嘴说：“我知道！烦死了！”

那我们回过头来审视一下自己吧。

这段时间胖了太多了，应该减减肥！

再学学中学的英语吧！

应该把时间利用得更好一点儿！

暗自下了决心却迟迟没有进步，没有实际行动。

您有没有这样的事？

如果此时有人对您说：“您怎么也该有点儿行动吧？”“您是不是该想想怎么好好利用时间啊？”您会怎么样呢？

怎么样，您能直接说出心里的想法吗？很难做到吧！

如果对方说："您是一个想做就一定能做的人。您一定能做到的！"那又会怎么样呢？

您的接受程度肯定和之前不一样吧？

让孩子爱上学习要靠孩子的内驱力

学习方面也是，如果父母觉得自己不督促，孩子就不会学习，所以必须得督促的话，那父母肯定会不停地催促孩子，其实您再怎么说孩子也不会做的。

那父母该怎么办呢？其实答案在孩子自己。

因为孩子自己不想学的话，您再怎么督促，他也不会学的。

那父母应该怎么说呢？请家长先跟孩子置换一下角色。

在上一节的最后我写下来的话是："您是一个想做就一定能做的人。您一定能做到的！"

对，就是这句话。

在这句话后面再加上一句。

"先试着开始，后面就水到渠成了。"

孩子平时一直认为很多事情是他们必须做可又做不好的。

父母这么一说就能给孩子一个助推，让孩子有动力试试看。

之后就要表扬，无论做得怎么样都要表扬。

只要能发现孩子做得好、优秀的地方就要说："你真棒！妈妈都没想到。太棒了！太棒了！”

表扬的时候不要有所顾虑，溢美之词多多益善。表扬 1 次要比 100 次的责备和武断的判断都强，甚至比 1000 句反复唠叨的话效果都要好。

用言语激励孩子的积极作用不仅仅对小学生有效，有的孩子上了中学，甚至上了高中也还是喜欢被人表扬。

恰当地鼓励孩子，只需稍稍变换角度

我仿佛已经听见家长说：“说是这么说，可是他哪有值得表扬的地方啊！”

其实想表扬孩子并非一件很难的事。首先您要改变一下看孩子的角度。

来，想一想孩子刚出生时的情景，您是不是只想无条件地宠爱孩子、拥抱孩子。

当时您是否也怀着同样的心情呢？请回忆一下当时的心情，并用当时看婴儿的视线再看看孩子吧。有没有什么变化呢？

当孩子磨磨蹭蹭的时候，之前可能您会说：“你真是太能磨蹭了。”但改变以后您可能会想：“这个孩子一定很会观察周围情况。所以他才会有所顾忌，行动也就慢了一些。”

如果孩子在学校测试中得了 70 分，您又会怎么说呢？

“嗯，你也很努力了。但是下次要争取得 90 分啊！”

以前您可能都会这么说。

不过，您可不可以改变一下呢？比如说：

“70 分！真不错！你很努力！妈妈非常开心！”

刚刚您是否会觉得第一种“下次争取要考 90 分”的回应已经很好地表扬孩子了？虽然话的前半段有“你也很努力了”，但孩子完全体会不到被表扬。

孩子只会觉得像被打了屁股一样，必须努力考 90 分才行。

在表扬孩子的时候，请无条件地、竭尽全力地表扬。

只要您稍稍改变一下视角，就一定能做得到。

对孩子的爱有时会折射出父母的自私心理

应该不存在不爱孩子的父母。

绝大多数父母都会觉得自己是爱孩子的。但是，是真的爱吗？这样自问的人应该不多。请大家重新问问自己这个问题吧。

“我真的爱孩子吗？”从答案中可以看到各种各样的父母。

想让孩子成为自己想要的样子。

想让孩子实现自己的梦想。

想让孩子不愚弄自己。

自己无法做到，所以想让孩子做到。

想让孩子进好的学校。

希望孩子成为知名公司的正式员工……

父母对孩子的爱里面是否包含着这些想法呢？这些想法能算是真的爱孩子吗？

父母的自私——偶尔就会看到这个词。

不过现在我们先暂且不讨论这个词。

我们先来想一想在对孩子的爱里掺杂了这些想法的父母是什么心态。

这些父母一般都跟前面说过的一样，没有什么成就感。简单来说就是对自己没自信，并将由此引起的不安和不满转嫁到孩子身上。

这也跟前面说的父母的自私有关。

这样的父母如果受到很多的否定，还会对孩子说更多否定的话，甚至开始伤害孩子。

首先，父母自己要从无成就感的圈子里跳出来。

一定要脱离自己很无能、干什么都干不好的想法，首先要喜欢上自己。

要想改变孩子，父母必须完全喜欢上自己

肯定有人会想："我是想让孩子考入好学校，让孩子有所成就，但我并没有不自信啊！"

也有人自己就是从很好的大学毕业的，事业也不错，所以觉得自己还是有自信的一方。

但是，请您好好审视自己。您是真的很有自信吗？

真正的自信是完完全全地接受自己，无论是优点还是缺点。认识到我就是我，爱自己，拥抱自己。

认为自己很有自信的人是怎样的呢？

他们的自信往往是通过和别人的比较得来的。类似于那个人如何如何，而我是这样的。

这种情况下大家都是用什么作为基准来进行比较的呢？

世俗的判断？还是金钱？不管是哪个，都不是您自己制定的标准，而是别人的标准，或者说是世俗的标准。

也就是借来的标准。

用借来的标准来判断自己的人，内心深处总会有不安。只要不拿自己和别人比较就找不到自己的价值，因此就会不安。

而且即使有自信，也是当比较的对象比自己差的时候才能自信起来。

但是世上优秀的人很多。一旦遇到比自己优秀的人，自信心马上就崩溃了，突然间就不安起来，内心开始挣扎。

下面我来说一个简单易懂的例子吧。

以前我认识一位非常美丽的女士。美丽并不是说她长得好看，她个子不高，外表也算不上很出众。不过，只要有这位女士在，全场就有一种优雅的气质在流动，周围的人都会变得很开心。

这位女士是怎样拥有这种气质的呢？

关键在于她的判断标准。

比如她遇到了一位美女，她会这样想："这位女士可真漂亮。不过我就是我。我最喜欢我自己。"

她对自己的评价："虽然我个子矮，鼻子塌。但我很风趣，还很受人欢迎。"

不可思议的是，她这样认识自己之后，周围的人也觉得："她虽然不是美女，但很有活力、很有魅力。"

大家想想，您周围是否也有这样的女性呢？

相反，虽然是出众的美女，也有可能没有活力，让人感受不到她的魅力。她一定是用别人的判断标准来衡量自己的。

她一旦遇到比自己漂亮的美女就会觉得："我很差。"否定自己，进而讨厌自己。

好的，我们来再次确认一下原本的主题。

父母用语言伤害孩子的最大原因是无法喜欢上自己，我们的主题是这个。明知道不该做，想着下次要注意，可还是不断重复错误，真正的原因在这里。

因此想改变自己、改变孩子，最重要的就是要完完全全地接受自己，喜欢上自己。

在确信了这一点之后，我们再一起思考一下让自己完完全全接受自己的方法都有哪些。

父母首先要了解自己，
这样很多事情都会迎刃而解

我做了多年的心理咨询师，遇到过各种各样的育儿问题，越来越觉得孩子的问题最终都是父母的问题。

妈妈们总是对孩子有各种各样的不满，觉得孩子不听话、很散漫、不努力。接着会想这是为什么呢？怎么做才能让孩子变好呢？而最终得出的结论就是自己的教育方法有问题。

这就会引起自我否定，慢慢地妈妈就无法爱自己了。

人不能爱自己，就更无法爱别人了。

即使是自己的孩子，也无法完完全全地爱。

因为无法去爱，所以会开始否定自己的孩子，孩子就会朝着愈加错误的方向发展，这样妈妈又会进一步否定自己。真的是恶性循环，无论您怎么努力去改变表面上的话语，也根本解决不了问题。妈妈首先必须做到的是完完全全地接受自己，无论是优点还是缺点，喜欢上自己。

这个观点我已经在这本书和其他书中重复强调多次了。

那么，怎么才能喜欢上自己呢？

第一步就是要了解自己。

您是否在想："这种像哲学一样难的事情我可做不到。"

其实并没有那么难。步骤很简单。

或许有的妈妈从某一天早上开始就心情不好，可是自己也不知道为什么。如果在不知缘由的情况下对自己的情绪放任不管的话，内心就会越来越顽固，也就对自己越来越没办法了。

那么，这样的妈妈肯定无法把孩子好好地养大。

父母每天花 5~10 分钟时间聆听内心的声音

首先，每天找 5 分钟或者 10 分钟，创造一段只属于自己一个人的时间。

可能有的妈妈会说："根本不用特地创造一个人的时间。把孩子送到学校，先生也去公司上班之后，一直到傍晚我都是一个人。"

但是我说的不是这回事儿。我所说的一个人的时间是把电视和广播都关掉，停下做家务，安静地独自和自己面对的时间。您再想想，这样的时间是否几乎没有啊？

然后做 4~5 个深呼吸。

之后您会发现您的眼睛里只有房间的影像，也几乎听不到其他声音。

意识到这些之后，请您聆听自己内心的声音。内心的声音不是说话的声音，而是从内心奔涌而出的声音。

怎么样？您听到了什么吗？

听到了吧。这时也可以闭上眼睛。您肯定能听到很多的声音。

好事坏事，优点缺点，并存并立，

要完完全全地接受完整的自己。

“啊，这么安静的时间，真是久违了。”

“从早上开始就一直在忙，还骂了孩子。真觉得有点儿累了。”

看，您不是开始听到内心的声音了吗？

再继续听听。

“我10年前是怎么描绘现在的自己呢？”

“我本来也有梦想的。我的梦想现在到哪里去了呢？”

“每天都在重复做相同的事情。这样的生活令我感到高兴吗？”

“对我来说，高兴的事是什么呢？”

“10年之后的我……”

……

看，听到的越来越多了吧。嗯，很棒！

“蝴蝶不是鼹鼠，但是任何蝴蝶都不应为此而惋惜。”

倾听了自己的声音之后，应该对自己就越发地了解了。

想到的都是些让人讨厌的事情吗？

想到的都是些没有做好的事情吗？

如果是这样的话，不要逃避，去真心地接受。这样坚持下去，就一定会看到自己好的地方。

“我也应该有优点的。”

您也这样认为吧。于是您会慢慢地发现自己的很多优点。这时您要注意的是，不要只接受自己好的方面，不要一味地觉得自己非常棒。

好事、坏事，优点、缺点，并存并立，要完完全全地接受完整的自己。

对了，著名的物理学家爱因斯坦说过一句非常好的话：“蝴蝶不是鼹鼠，但是任何蝴蝶都不应为此而惋惜。”

这句话换个角度说就是：“蝴蝶不是鼹鼠，但是应该没有蝴蝶为此惋惜吧。”

这句话是什么意思呢？

爱因斯坦这句话的意思就是：生物和人都有自己的生存价值，这本身就是一件再好不过的事。

既有优点又有缺点的您是不可替代的存在，这本身就是最好的事。

请您带着这种意识再次倾听自己内心的声音吧！

现在怎么样？能接受自己的优点和缺点，完完全全地接受自己了吗？

第1章

父母改变了，孩子就会改变

△△真棒！学习也好，运动也好。你看看你，什么都不行。
哼
改变
你做的很好嘛
妈妈会一直支持你
你怎么没整理房间呢？
我也不知道
改变
怎么才能把房间整理好呢？
用这个箱子吧
你快点吧
“哈哈哈”
改变
咱们马上就要迟到了，怎么办呢？
我先换衣服吧

你想怎么做呢？
你想变成什么样子呢？
你怎么想呢？
怎么办好呢？
嗯，是啊。
唉？好像这样还更轻松。

父母想控制孩子，是因为不明白“孩子是和自己不一样的人”

大家经常会听到这样的话：“父母和孩子是相互独立的个体，即使是孩子也应该被当作一个独立的人受到尊重。”

我想这句话人们一般都能理解。

但是，从我多年做心理咨询师的经历来看，很多父母都很难掌握和孩子的界限感。

父母对此的观点只有程度上的差别，“孩子必须成为父母想要的样子”“孩子应该成为父母想要的样子”“希望孩子能够成为父母想要的样子”，大多数的父母都会有这样的观点。

父母的这些想法会对孩子的成长造成很大的阻碍和伤害，但几乎没有父母意识到这一点。

为什么会这样呢？因为听家长话的孩子一般都会成为学校里的优等生。

我来介绍一个具体的例子吧。

曾经找我做过心理咨询的小 A，在他 20 岁之后再次找到我。这位青年从中学开始就一直把自己关在家里，长达七八年之久。

小 A 中考时好不容易考上了很有名的中学，可是上了没多久就开始拒绝上学了。在此之前他的妈妈一直为这个儿子感到骄傲，孩子拒绝上学对她来说简直是晴天霹雳，她完全无法理

想要控制孩子的父母还没有理解

“孩子是和自己不一样的人”。

解儿子为什么会变成这样。

对小 A 的母亲来说，他是个听话的好孩子，也变成了爸妈想要的样子。

但对小 A 来说，他只是遵从父母的命令，上了中学之后突然发现根本没有自我存在感。

这就是小 A 长期心理障碍的导火索。

因为著作《如果我的父母是控制狂》① 而为人所知的丹·纽哈斯在他的书中这样写道："不健康且过剩的控制，其代价要花很长时间来偿还。控制欲太强的父母会让孩子更加犹豫、不安、不自信，且上瘾、自残行为的发生概率也会增高，压力增加马上就会影响健康。接着孩子珍视自己的感觉就会越发淡漠，几乎感觉不到自由的成长空间，不知道自己生存的意义，可能无法保有爱自己的心境。而且孩子还会无意识地继承父母的消极习惯和思维方式，和他人的关系也会很扭曲，可能会优柔寡断，或者在精神层面、感情层面发展滞后。"

不仅小 A 是这样，在我所了解的范围内不少孩子就是在父母的强烈干涉下长大的，有的得了厌食症，有的存在伤害自己的行为。

而且几乎没有例外的是，这些孩子的父母根本没有意识到这是自己的错。

小 A 的妈妈开始的时候也是这么想的。

---

① 原书名 *If You Had Controlling Parents*。

当小 A 拒绝上学时，他的妈妈觉得自己像是被全盘否定了一样。希望孩子以自己想要的方式长大的父母，只要孩子稍微偏离了自己的期望，就会觉得自己被否定了。

在接受了心理治疗后，小 A 在 23 岁时上了高中，还考上了名牌大学，现在是一个很了不起的人。

当然，他的妈妈也找到了自己想做的事，每天都生活得很快乐。

不要在孩子身上找自己的生存价值，当孩子需要的时候全力支持孩子，这已经成为小 A 妈妈的生活信条了。

“你做出这样的事，真是让我感到羞耻！”
——眼里只有世俗标准的父母

“总那么打扮不觉得羞愧吗？”

“你成绩那么差，我都没脸去学校了。”

“自己要有点儿出息，别给爸妈丢脸。”

您是否对孩子说过这样的话呢？

要成为脱离孩子自立的父母最重要的是先了解自己。

大家可以想想自己听到自己经常说的话之后，内心深处会做出怎样的回应？

我们来试的第一个就是“丢脸”。经常把“丢脸”挂在嘴边的人，对外表、职称、物质的东西、别人怎么想等都非常在意。

比如有的家长会在意孩子、朋友、父母的社会地位和收入，就是属于这种类型。这种类型的父母会用世俗的尺度来衡量所有事物的价值，没有自己的价值观。

自己和孩子的关系也要看是否可以让自己在世人面前骄傲还是丢脸。

说一个很极端的例子，面对被内心的问题困扰、一度有轻生念头的中学生女儿，一位妈妈最先说的话是："你的事要是被别人知道了，我的脸可就丢尽了！"

她首先担心的不是孩子，而是脱口而出说了这句话。

大家可能会觉得这个例子太极端了，但是在这么严重的情况下说出这种话的父母可不是少数。

这样的父母其实在内心的深处很害怕面对真正的自己。

他们感觉到自己很没出息，把世俗的价值观作为自己的判断标准，杀死了真正的自己。

如果您真的觉得自己在哪方面很没出息，就应该首先面对自己。

接着发现自己好的地方和不好的地方，最后完完全全地拥抱有好有坏的自己，不断地尝试、练习接受自己。

“你不按照我说的做可不行！”
——有潜在恐惧感的父母

“你不好好按照妈妈告诉你的做可不行啊！”

“你不能偷懒，必须努力！”

“你这么做，将来肯定没什么出息。”

有的家长会经常这么说吧。

如果孩子没能像自己想象的那样成长，有的家长就会异常地生气。这样的人一般最重视规则、形式，并以此来控制孩子和家人。这种情况更多地出现在爸爸身上。从表面上来看是严厉、有坚持的家长，实际上内心深处抱有不安和恐惧。

以前找我做过心理咨询的一位父亲就是这种类型的典型代表。他从孩子还很小的时候就一直很严厉，想要孩子按照他描绘的未来成长。那位爸爸自己的社会地位也很高，是个很了不起的人，但他小时候经历过父亲的事业失败，家庭也一度陷入绝境。

可能这位爸爸的内心一直不安，他害怕如果不经常严格地要求自己，不知道哪天就会有什么糟糕的事情发生。

不管是什么事都只能看到孩子的缺点，而且一定要说出口的父母自身心中一般总是很不安的。

因为不安，所以会对自己很严厉，而且会对孩子在很多细节上推行自己的准则。

这么做本身并不完全错，但是父母的不安一定会反映在孩子身上。刚刚我提到的那位父亲就是这样的，他的不安会传递给自己的孩子，之后孩子又传递给孩子的孩子。

这就是不安的连锁反应。不安是很难孕育出真正的爱的。

如果不把这个连锁反应切断的话，是很难用真正的爱来滋养孩子的。

“你把妈妈当傻瓜吗？”
——经常觉得自己没有价值的父母

“按照妈妈告诉你的做就行了！”

“你还是个孩子，怎么能跟妈妈顶嘴呢！”

“你想把妈妈累成什么样才开心啊！”

说上面的这些话的父母都是优先考虑自己感受的人。自己嘟嘟囔囔的，如果孩子不听或者反抗的话，父母的情绪就会一下子失控。

您肯定觉得，孩子不听父母的话或者反抗父母，父母的情绪就一下子爆发难道不是很正常的吗？确实，从某种意义上说是很正常的。但这时请您再重新审视一下自己的内心。

内心深处有没有隐藏着这样的想法：“什么？连孩子都当我是傻瓜！”

我在其他章节中提到过心理学上的“无价值感”这个说法，说的是有的人心底暗暗觉得自己没有价值，是个失败的人。内心存在无价值感的家长，一般自己小的时候就总是被父母否定。

前面我也提到过，有这种倾向的人会总是盯着孩子和周围人的缺点。对自己的孩子也总是找各种缺点和不对的地方，并不留情面地指出来。因为有一种想要极力贬低他人、抬高自己的意识驱动这些行为。

更直接一点儿说就是，他（她）对与自己相比，处于弱势地位的孩子真心想说的是：“你必须尊敬我！”

可是，对孩子越是唠叨就越会起相反的效果。孩子是绝对不会因此而尊敬家长的。

想要从对孩子的唠叨和无价值感的泥沼中逃脱的唯一办法就是：自己接受自己，自己爱自己。

“我多爱你啊！”——要求回报的父母

“我为你花费了多少心思，你难道不知道吗？”

“你知道为培养你我花了多少钱吗？”

“你总得有争气的时候吧！”

家长费尽心机地为孩子的未来操心，告诉孩子要好好学习，可孩子完全没有那个意识。因为家长很担心，所以会对孩子的方方面面不断叮嘱，可是孩子只会觉得很烦。

家长是否有一种想法，就是“我这么爱你，你也应该同样地爱我”，或者“我这么为你操心，你偶尔也应该有点儿回报才对”。

或者嘴上说着爱孩子，却不听孩子说的话，只要孩子没有像自己想要的那样去做就对孩子说：“我再也不理你了”，并收回自己的爱。

难道这不是使用自己的爱来控制孩子吗？家长这样对待孩子，孩子会作何反应呢？

孩子宁可抛弃自我也要极力去满足爸爸妈妈的期望来让他们开心。这相当于在自我成长期杀死自己，这也是孩子青春期之后有很多心理问题的重要因素之一。

对内心有这样问题的爸爸妈妈们我经常说的是：“请您回想孩子刚刚出生时的那段时光。”想想那时的爱，想想紧紧抓住妈妈的可爱小手，想想孩子信赖的笑容。就算孩子再怎么哭，也还是会紧紧地抱着孩子的心情。

那时的爱就是真正的爱！

那时您真的爱孩子，所以总是想尽力去理解孩子，不是吗？

那时如果孩子不听您的话，您会不理他了吗？

那时您是那么地珍爱这个孩子，会想着让孩子争气吗？

都没有吧。爸爸妈妈们当时也都很纯粹。

明知不可以却还是打骂孩子的父母
——自我否定的父母

“我都说了这么多了你还是不懂吗？”

“你适可而止吧！”

“闭嘴！”

您在说这些话的时候有没有伸出手去打孩子？

尤其在孩子还小的时候，控制不住就打孩子，接着又非常懊悔的妈妈应该不少吧。不用语言而直接用暴力的父母一般都是被气昏了头无法控制自己。

而且，之后一定、肯定会懊悔地说：“啊，我又打孩子了。”

自己明知道暴力对孩子养成好习惯和教育孩子没什么用，可还是没能控制住自己。这种情况除了直接的暴力问题外，妈妈内心的问题也很重要。

对孩子施暴之后妈妈会非常自责，心想：“我怎么又打孩子了呢？我真是个无可救药的妈妈。”这就会导致妈妈自己有了心病，进而又影响孩子。

这种恶性的连锁反应是对孩子施加暴力的关键所在。在这里我们重点说的是父母的心理问题，但暴力对孩子的成长会造成很大的问题，这是毋庸置疑的。

父母有暴力问题的最终原因是没能划分清楚自己和孩子的

自己抱紧自己，孩子也会抱紧您。

界限。要想拥有“孩子是和自己不连体的、独立的人”的觉悟，恐怕还要父母自己先自立才行。

孩子反击妈妈的训斥是正常的，无视和没表情才是出问题了

“你看，你的鞋又是脱掉了不放好！”

“掉了的东西要马上捡起来！”

“真是再说多少遍也是没用！”

早上一起床刚和孩子打个照面，有的家长就用上面这些话代替“早上好”来问候孩子。孩子还小的时候可能不会说什么，等孩子上了初中或高中就会顶嘴说：“烦死了！”

孩子一顶嘴，更是激起了家长的怒火，于是更激烈的言辞就飞奔而出了。

这种情况几乎都发生在妈妈身上，应该不少吧。

有没有妈妈觉得：哎呀，坏了，我不就是这样吗！

但是您先不要太担心。

孩子顶嘴说烦其实还算是好的。

就算孩子之后说“臭老太婆”也还算可以。

您肯定觉得简直是开玩笑。

我是说真的。

现在越来越多的初中生和高中生在这种情况下几乎没有任

何反应了。尤其是女孩子，她们的这种倾向更严重。

他们既不听话地顺从也不生气，只是没有表情地装作没听见，这是相当危险的状态。

这样的孩子可能已经被妈妈的话语戕害太深，内心已经形成了巨大的创伤。

我在做心理咨询的时候遇到过被虐待的孩子，这样的孩子表情没有什么变化，有时会给人留下安静稳重的印象。

但其实他们有很强烈的内心纠葛，他们只是在努力地抑制这些感情，在不断反复的过程中就渐渐变得面无表情了。

对父母说的话毫无表情地装作没听见的孩子跟这种情况有相似之处，他们绝对不是在很顺从地听大人的话。

自己抱紧自己，孩子也会抱紧你

上一节提到的用嘟嘟囔囔代替“早上好”问候孩子的情况其实还包含着另一个话题。

以前有位妈妈来找我商量的时候说自己“看到不满意的地方马上就要说，每天就像在找碴儿一样，我自己也很不喜欢这样，可还是会反复这样做。”

听了她的话之后，我觉得上一节我们提到的妈妈也是这样的性格，她还说她小的时候就非常不喜欢自己的妈妈，所以一直想着自己一定不要变成妈妈那样，可是忽然意识到自己对待孩子的方式竟然和自己的妈妈一模一样。接着，就开始讨厌自己了。

又是恶性循环。

这位女士小的时候很不喜欢自己的妈妈，但是自己结了婚、生了孩子之后感觉已经缓解了和自己妈妈的矛盾，但实际上这个矛盾还是深深地存在着。

这位女士的妈妈在这位女士刚刚出生的时候肯定也是无条件地爱着她的一切。但是据她回忆，在某个时期之后妈妈对她的无条件的爱就再也感受不到了。对此的不满变成了对自己的不自信，而且在自己有了孩子之后，还是用妈妈对待自己的方式来对待自己的孩子。

不过话虽如此，总不能现在让妈妈来拥抱自己吧。

那该怎么办呢？

对，就是自己拥抱自己。

有些人可能不仅仅对孩子，对其他人的缺点也会很挑剔，实际上他们的心底都讨厌自己，都觉得自己是个很失败的人，感觉怎么也做不到喜欢自己。

这在心理学上叫作无价值感。

自己抱紧自己，可以让自己不再吹毛求疵

比如，在妈妈群里有一个跟您关系还不错的妈妈，刚刚接触的时候觉得这个妈妈人很好，对她还挺有好感的，等熟悉了之后发现她身上有这样或那样的毛病，估计不少人都遇到过这种情况。

有一位女士说：“那是因为了解不深的时候看不到对方的缺点，还挺有好感的，等了解了之后就会发现这样或那样的问题，这是很自然的事。”

确实，越了解就越会发现之前没有注意到的事情。

这种情况也经常发生在恋人身上。

“我从来没想过他会是这样的人。”

很多人在加深了解之后，或者结婚之后都会有这样抱怨。

随着越来越熟悉，关系不断加深，当然也会发现一些原来没发现的事情。但是，随着亲密程度的加深，也会发现很多以前没发现的优点。

当然也有不少情况是没有发现的优点，只是看到了缺点和错误，因而不愿意再接触这个人了。而且有些人并不是偶尔遇到这种情况，而是反复遇到这种情况。

当事人自己也不知道为什么总是这样，其实这也是无价值

感在作怪，也就是没自信、觉得自己很失败、无法喜欢自己的意识，所以就会反过来贬低对方，尽力让自己处于更加优势的地位。

有强烈无价值感的人对孩子也会忍不住吹毛求疵，总是嘟嘟囔囔地“问候”孩子的症结也在这里。

心里想着这么说不对，下次要多注意，可还是重复相同的错误。要想脱离这种困境，必须认清自己，之后完完全全地接受自己。

要不要把自己对孩子经常说的话记录下来呢？

“别磨磨蹭蹭的啦！”

“我要说多少遍你才能明白？”

“安静点儿！”

“这样就算收拾好了？”

“别闹了！”

“我最讨厌这样的孩子了！”

“快点儿！”

……

是不是有人说过其中一句，不，是每一句都说过吧？

妈妈们尤其意识不到这些话的危害，顺嘴就说出来了。

您是否觉得这些话只不过是自己的口头语，并没有什么深

无价值感非常强的人对孩子也会忍不住要吹毛求疵。

刻的意思？

就算妈妈们意识不到，但说出去的话却会成为紧紧束缚孩子的枷锁。

大约在三年前，我有机会和一个拒绝上学的小学四年级男孩儿的妈妈进行了一次对话。听了她的讲述之后，我发现这位妈妈真的每天都对孩子重复说很多话，而且她自己觉得这些话孩子大概只是会觉得有点儿吵而已。

之后，我和她上小学四年级的儿子也谈过话。这个时期的男孩儿本来应该是朝气蓬勃的，可是那个孩子的表情几乎没有什么变化，在做心理咨询师的我看来，男孩显得很忧郁。

而且孩子和妈妈在一起的时候总是要观察妈妈的脸色，妈妈一旦不在身边就很慌乱。

虽然他们原本是因为孩子拒绝上学才来做心理咨询的，但当时我首先给妈妈提出了建议，我建议她每天把自己对孩子说的话都记录下来。

两三周之后那位妈妈给我打来电话，说："记事本上已经记录了很多自己对孩子说的话，我不想再写下去了。"

她数了一下，发现自己说给孩子的话已经超过了100句。

我回答说："就算是相同的话也没有关系，请您坚持记录一个月。"然后挂了电话。

从那之后，我再次见到这对母子已经是三年后的事了。当然，那位妈妈的状态已经变好了，男孩儿也恢复了活力并重返校园，知道了这些我也安心了。

三年后再次相见，这对母子的关系又是怎么样的呢？

男孩儿已经上中学了，但他的面部表情非常丰富，谈起自己参加美术社团的活动时，男孩儿那眉飞色舞的表情给我留下了非常深刻的印象。

那么，妈妈呢？

那位妈妈对孩子展现的笑容特别美。感觉妈妈自己也很有活力，我问了一下，原来她从一年半之前开始爬山，现在还把爬山的记录发布在博客上，很享受运动带来的快乐。

“其实我按照您说的，连续做了一个月的话语记录，自己看到后很震惊。我发现自己竟然是一个那么让人讨厌的人，为此我消沉了整整一个月。”

记录自己说的话正是审视自己的好机会。

她说要痛下决心“剜出”自己让人讨厌的地方，结果自己都开始讨厌自己了。然而就在这时，她反而意识到自己一定也有优点，于是开始竭尽全力地寻找自己的优点。

人真的是很有意思。

这位妈妈就这样找遍了自己的优点和缺点之后，再次深深地拥抱了自己，也终于在这时领悟到：“因为我无法真正地爱自己，所以才无法真正地爱孩子。”

第2章

改变孩子性格的绝密口头语

我去公园啦！
すたこらさっさ～
啊，作业做了吗？！
真是的！
要不要把对孩子说的话都记录下来？
做作业了吗?!
快点！
说多少遍你才能懂啊？！
为什么不回来就做好啊？！
到底要磨蹭多久啊！
你真是没有礼貌！
写下来，写下来

哇！有
这么多！
砰的一声
好像在
冒黑烟
啊？！
唉？
今天妈妈
怎么这么
安静呢？
运气
真好
~♪
够了！
竟然有
这么多，
不想再
写了！

经常表扬孩子，孩子就会展翅高飞
——培养孩子的自主性和自信心

有一句话，不是什么好话，说的是："只要把猪哄得好，猪也能爬树。"

猪都能爬树，所以孩子也能飞到天上去。

最近，一个当小学老师的熟人告诉我，他给孩子们出了一道题，让他们写出自己的三个优点，竟然有一半的孩子写不出来。

很让人震惊吧！孩子没自信已经到了这个程度。

妈妈们，这个结果，或许是你们造成的。

妈妈们不是经常都在对孩子说，"哎呀！什么都做不好！""我要说多少遍你才能明白啊！""你适可而止吧！"……

这些话就是摧残孩子自信萌芽的罪魁祸首。

怎么做才能让孩子充满自信呢？

就是表扬。可能换成"戴高帽"也可以。

再遇到这种情况您千万不要有所保留。要毫无顾忌地去夸奖，想怎么夸就怎么夸！以此作为一切的前提。

比如早上该去学校了，孩子却还在没完没了地磨蹭。这时再怎么催促孩子，甚至训斥他，也绝对无法让他行动起来。就算有一段时间内他动作变快了，那也只是家长催促的结果而已，

不管什么样的孩子，只要他的行为有人表扬，他都会想再次这么做。表扬孩子能培养他们的自主性，而自主性又会逐渐积累成自信。

不是自主行为。

那么您是否要试试这样做呢？

“呀，今天你换衣服换得很快嘛。嗯，不错，很棒！”

哪怕孩子只做了那么一点点事情也不要吝啬您的溢美之词，表扬得夸张些都没问题。

不管什么样的孩子，只要有人表扬，他都会想再次这么做，表扬孩子能培养他们的自主性，而且自主性又会逐渐积累成自信。

“妈妈对你太失望了！”→“妈妈最喜欢你了！”

“我真的对你太失望了。”

“你怎么总是让妈妈丢脸！”

您是否有说过这样的话？

确实有时候孩子做出的事情让家长很苦恼，不知怎么办才好。

比如经常迟到、总是忘东西、不做作业、考试倒数第一，在某个时期这样的事会交替重复地发生。

事情发生了，家长肯定忍不住想要像开头那样把孩子痛骂一顿。

但是在被家长训斥前，孩子其实已经知道自己做错了，开始失去自信了。如果家长此时再训斥孩子一顿，那肯定就彻底泄气了。

孩子平时也很想让爸爸妈妈开心，想让爸爸妈妈为自己开心，温暖地拥抱自己。

可现在做错了事，孩子自己也知道让爸爸妈妈难过了，自然就会对自己失去自信。如果爸爸妈妈再打击他，孩子的内心就会受到深深的伤害，完全地失去自信。

失去的还不仅仅是自信。

甚至还可能导致孩子自我否定，让他觉得自己是一个没有存在意义的人，还不如不存在。

在这样的情况下最应该做的是用无条件的爱拥抱孩子，给予孩子让自己重新振作起来的力量。那么这时候父母应该怎么对孩子说呢？

应该说："妈妈最喜欢你了！"

"没关系的。妈妈会一直保护你的。"

这才是能改变孩子的话。

培养孩子的自信最重要的营养就是父母无条件的爱。无条件的爱可以让孩子安心，培养孩子的自信，让孩子珍重自己的存在，肯定自己。

培养孩子的自信最重要的营养就是父母无条件的爱，

它可以让孩子安心、培养孩子的自信，

让孩子珍视自己的存在，肯定自己。

“都不好意思出门了。”→“妈妈支持你！”

上一节里我们提到了一句话：“你怎么总是让妈妈丢脸！”

和这句话比较相似的还有：

“啊，太烦人了。我真是没脸出门了。”

“我是没脸面对世人了。”

当孩子有很大的失败时家长就会这么说。或者当家长拿孩子和他们的同龄人比较时是否也说过：“人家真棒。学习又好，运动也好。好羡慕啊！”

不少人都觉得为孩子的失败而感到羞耻是很正常的事，但这些话都不是对孩子无条件的爱，而是在用“世俗”的准则衡量孩子。

很久以前，我曾经给一位妈妈作咨询，她有一个上初中二年级的女儿。在此我对她女儿的成长经历就不做详细介绍了。当时，这个女孩儿有严重的心理问题，那位妈妈就是为了女儿的问题来咨询我的，她说的第一句话，就让我很震惊。

她说：“我羞得没脸出门了。”

“这些话您没跟您女儿说过吧？”

对于我的问题那位妈妈是这么回答的：

“不，我说过很多次了。我对她说‘你别再让妈妈丢脸了’。”

我又再次被震惊了。

作为母亲，本应该思考孩子怎么会变成这样，担心的同时又急着想办法解决才对，可是这位母亲想的却全是自己无颜面对世人的羞辱，而且还毫不掩饰地让孩子知道了，那么孩子的状态进一步恶化是肯定的了。

落语①里有一个“马厩失火”的故事，不知道大家听说过没有。

故事讲的是一位女子的好朋友告诉她，如果她想试试丈夫是否真的在乎自己，只需摔碎丈夫最喜欢的饭碗，如果丈夫说“你没受伤吧”就是在乎，如果说“饭碗摔碎了吗？”就是不在乎，然后那位女子就真的照做了。

这个故事的原形是《论语》中的孔子。

有一次，孔子外出的时候家里的马厩失火了，孔子心爱的马被烧死了。孔子回家后听说了这件事，首先问弟子们的是：“大家没有受伤吧？”

从上面的故事可以看出，前文中的这位妈妈对于自己和世俗看法的重视远超对孩子的重视。

原来她不仅不爱孩子，她也不爱自己。

在这种情况下最应该跟孩子说的是：“妈妈永远站在你这边。”

怎样做才能自然而然地说出这样的话呢？

首先，父母要完完全全地接受自己。

---

① 落语是日本的传统曲艺形式之一，与中国的传统单口相声相似。

“你怎么不收拾呢?”→告诉孩子“怎样才能收拾好。”

跟孩子说多少遍让他收拾房间，可他一直也不收拾。告诉孩子别再看电视了，可孩子还是一直看。说了好几遍赶快把作业做完，可孩子还是磨磨蹭蹭地不做。

妈妈终于忍不住了大吼：“你为什么还不做?”

妈妈的大吼终于让孩子行动了，于是妈妈会觉得不吼叫的话，孩子是不会认真听话的，因此大吼的次数就会越来越多。

“你怎么不做呢?”“你为什么不做呢?”这样的话，形式上是疑问句，其实就是变相的命令，而且家长不吼孩子，孩子就不会听话是一个恶性循环。

心理学上有一个用语是“开放式问题”(open-ended question)，这个词和“封闭式问题”(close-ended question)相对，“开放式问题”是可以引出对方答案的问题。相反，“封闭式问题”就是只能回答“yes”或“no”的问题，无法引出对方的更多答案。

这两个词本来是心理咨询用的词，但也可以用到亲子交流上。

具体的应用方法就是把“怎么”“为什么”换成可以引导孩子回答的“做什么”“如何做”。如果用收拾房间的例子来说，家长可以改变方式问：“怎么开始收拾才能收拾好呢?”

这样孩子除了回答“收拾”和“不收拾”之外，必须要想一想怎么才能收拾好。想出来的答案是自己的想法，没有被命令的支配，而是主动采取行动。

这样做确实比较麻烦，还要父母有一定的忍耐，但只有这样才能培养孩子自主思考、自主行动的能力。

“必须做”“应该做”→告诉孩子“你可以怎么做。”

“马上就到上学时间了，还那么不紧不慢的，就快迟到了不知道吗？”

妈妈们这样的训斥声仿佛又在我耳边响起了。

要迟到了？那就让他迟到吧。就算快迟到了，家长再怎么不断地催促，也只是家长的自我满足，对孩子根本一点儿作用都不起。不仅如此，还会让孩子逐渐失去自己的判断能力，无法判断哪些事是必须做的。

几百次的催促比不上迟到一次的效果，要想培养孩子自己判断该如何行动的能力，还是让孩子自己实践的效果更好。

请大家再次想一想每天对孩子说的话。

“快点儿。”

“不行。”

“快点儿做！”

“老实一点儿！”

“明白了吗？”

……

数不过来了吧，总体来说这些话都会限制孩子的行动。请大家换位思考一下，每天，早、中、晚，不断地有人跟您说Must（一定）、Should（应该）、Have to（必须），您是不是也想大喊："你说够了没有？"

这样下去，孩子不仅会感到被强迫引起的压力，还会失去自己思考、判断的机会。

为了不让孩子变成这样，除了要像前面说的那样把话里的"为什么"换成"做什么"，而且还要多用"怎么做"（How）。

比如不抓紧就要迟到了的时候，就可以说："不抓紧时间就会迟到了，怎么办好啊？"

这就是使用"怎么做"（How）的说法。

"那可不行""快点儿"→三个"怎样做"

只要问了孩子这句话，孩子就会自然而然地想："我是想上学不迟到呢"还是"有比上学迟到还重要的事情呢？"在他做出判断之后就会继续思考为了自己的决定应该做什么。

最终，如果他决定抓紧时间不迟到，那也不是被父母命令而采取的行动，而是自己决定的行动。

这个例子涉及是否迟到，是很着急的事。平时可以一下子一起用三个"怎么做"（How）。比如明明有作业，却一直拖着不做。

这时就可以用三个“怎么做”（How）。

“你是怎么想的?”

“你想做什么?”

“你想怎么做?”

用第一个“怎么想”来确认孩子本人的想法，第二个“做什么”是目标或者目的，第三个“怎么做”是手段和方法。（这段对话前面可以加上妈妈和孩子的头像）如果换成真正的对话就应该是这样：

“你是想做作业呢？还是不想做作业呢?”

“你是想做作业然后让人觉得你很棒，还是不想做作业让人觉得你很差呢?”

“那怎么做才好呢?”

孩子会怎么回答呢？如果您问了第一个问题后孩子回答不想做，您该怎么说呢?

妈妈：“哦，你不想做啊!”

孩子：“我不想做，可是又必须得做。”

妈妈：“为什么必须得做呢?”

孩子：“老师会生气。”

妈妈：“生气就生气呗!”

孩子：“那多丢人啊!”

妈妈：“你还是想做很棒的孩子啊！那还是把作业做了吧。”

孩子：“……嗯。”

妈妈："那你要不要想想怎么做呢？"

孩子："我现在不想做。"

妈妈："为什么呢？"

孩子："因为我想看电视。"

妈妈："那看完电视再做吧。"

孩子："嗯。"

妈妈："对了，妈妈也要学韩语了。"

按照这样的方向把对话推进下去就可以了。

在这段对话中出现了一个新的要点，就是妈妈也要学习了。

一味地反复催促孩子学习，不如妈妈自己学点儿东西，这对提高孩子的学习欲望能起到非常好的效果。如果妈妈没有什么要学的，可以这样问孩子：

"最近你都学了什么汉字啊？你能认识多少了？妈妈也跟你一起学吧。"

当然问数学、物理都可以。

孩子会想："说不定我还能赢过妈妈。"孩子肯定也很愿意跟您一起学的。

如果孩子还只是小学生，像这样以游戏的心态来学习也是一个不错的方法。

“没出息！”→“你长大了！”

前面我们举过收拾房间的例子，是说在收拾房间的事情上要把话里的“怎么”“为什么”换成“做什么”“如何做”。可是如果您的孩子还在上幼儿园或者小学低年级，这个方法恐怕还很难奏效。

这个时期的孩子经常是一会儿玩玩具车一会儿玩积木，过一会儿就又开始画画了，当然，玩过的玩具就到处乱扔。

有时候他们还会把大大的玩具盒整个掀翻在地，家长肯定看着头疼。但是，大家先别想今后怎样，自己也这样做一次试试，是否觉得很有意思。

可是当妈妈看到孩子要去玩儿别的了，肯定有的妈妈会说：“你把玩儿过的玩具收拾好再去玩儿别的。”这时的孩子肯定做不到，从游戏的连续性上来说，一个接着一个换游戏对培养孩子的创造性有很大的益处。

如果您看到孩子乱七八糟的房间，请您尽量高兴地说：“啊，我们家的宝贝儿越长越大了！”

哈哈，不过妈妈们很难做到这一点吧。

把看到的原原本本地告诉孩子，孩子会觉得安心

“哎呀，哎呀，怎么还没刷牙啊？再磨蹭，上学就要迟到了！”

早上本来就手忙脚乱的，孩子又不按自己的想法做事，一个忍不住，难听的话就会脱口而出。但是大家其实都明白，这样说只能起到反面效果。

可是，虽然明白也还是忍不住要说。反正没办法一直保持沉默，干脆看到什么就说什么吧！

是啊，早上孩子还没睡醒就起床，赖床不爱动——这种情况下会怎么样呢？

“你究竟要磨蹭到什么时候啊？就要迟到了！”

这和平时的话语没什么两样，这种情况下就是要使用“看到什么就说什么”的方法。

“你看起来好像没睡醒。昨晚你没睡好吗？”

“嗯。昨晚玩游戏玩到很晚才睡。”

“你玩游戏了？玩到了几点啊？”

“嗯……凌晨一点左右吧。”

“那你现在肯定很困倦啊！”

情况大概是这样。

把看到的原原本本地告诉孩子，

孩子会觉得安心。

你为什么要玩游戏玩到那么晚？说自己困，还不都是你自己不对！不行，不能这么说。要“看到什么就说什么”。

再举一个例子吧。

“今天好像精神不错啊！”

“你眼睛很有神嘛！”

“今天你好像没什么精神。是哪里不舒服吗？”

“这个发型很适合你。”

“你嗓子有点儿哑，你还好吗？”

什么都可以。

这样的说话方式在心理学和教练技巧[①]中叫“认知”。也就是知道自己总是被关注、有安全感的语言。“认知”的基础就是承认对方的存在。简单来说就是向对方传达：“我一直在关注你噢！”

对孩子说的话，要用“点头”和“鹦鹉学舌般的重复”来回应

如果去妈妈们经常聚集的场所就会听到她们叹息地说：“最近孩子不怎么跟我说学校的事了……”

大家有没有过相同的经历呢？孩子从学校回来后，正想问

① 教练技巧：Coaching，是指教练通过一系列有方向性、有策略性的过程，洞察被教练者的心态，向内挖掘潜能，向外发现可能性，令被教练者有效地达到目标。

家长能倾听孩子的话，孩子就会觉得：

“妈妈会听我诉说”，并由此产生对妈妈的信任。

问学校都发生了什么事，孩子却回答说：“没什么。”这种结果很可能就是妈妈们自己造成的。

孩子好不容易跟妈妈说说学校的事，妈妈却应付着没仔细听。或者把孩子的谈话内容都转向自己想说的方向。有没有过这样的事？比如孩子说放学回家的路上看到新开了一家游戏厅，妈妈就“哼”了一声。

其实“哼”一声还好，说不定有的妈妈马上就改成说教了：“你可千万不能顺路去玩儿啊！”这样孩子就渐渐地不想跟您说他的事情了。当孩子过来找您说话的时候，再忙也不要嫌麻烦，一定要好好听孩子说的话。

心理咨询中有一个用语，就是“倾听”。英语叫作“主动倾听”（active listening）。也就是要积极地倾听对方的话。

这是怎样的一种方法呢？具体就是点头和回应。仅此而已。比如前面我们说的“家附近开了一家游戏厅”的例子，妈妈首先要说：

“咦？是吗？”

“那里开了一家游戏厅啊！”

或者说类似的话。如果妈妈这样回答孩子，孩子会怎么样呢？

“今天我被老师批评了。”

“咦？是吗？老师批评你啦！”

“因为我把带作业的事忘得一干二净的。”

“啊？你忘了拿作业啦？”

“嗯，我做好了，可是忘了拿了。”

“是忘带了啊！”

大概就是这种模式。

很简单吗？可是做起来很难。是啊！方法虽然很简单，可是实际做起来可能还挺有难度的。首先，妈妈在听到孩子说把作业忘了的时候可能马上就会怒斥：“怎么不记得带去呢？真是丢三落四！”

然后接着就会说：“到底是哪科的作业？”“为什么忘了？”

家长很可能会问这些问题，但是这种提问方式可不行。这些话一说出口就不是孩子倾诉了，而变成了妈妈说教。我敢说大家在遇到类似情况的时候一不小心就会把对话的主体变成妈妈了。

“倾听”最重要的就是多让孩子说，孩子和家长说话的比例在 8：2 左右。

家长能倾听孩子的话，孩子就会觉得：“妈妈会听我诉说”，并由此产生对妈妈的信任，这些都有助于培养孩子的自信心。

共鸣会促生信任，
孩子才能听进去父母说的话

“我家的孩子根本不听我的话，是不是我教育孩子的方法不对啊？”

我经常听孩子妈妈说这样的话，但是在指责孩子不听话之前，请先想一下您有没有得到孩子的信任。这么说可能有点儿残酷，但一般孩子不听家长的话，大多数都是因为孩子不信任家长。

大家是否也这样呢？自己不信任的人跟您说什么，您会相信吗？不会相信吧，这是同样的道理。

信任的基础有很多，其中一个就是“共鸣”。

共鸣也是心理咨询的一个用语，平时我们也经常用这个词，比如对某件作品产生共鸣。简单来说，共鸣就是“懂得”的感觉。

有共鸣就是感觉任何人都能理解我。

共鸣能构筑信赖，前面我们也提到过“认知”和“倾听”，都是为了得到共鸣。

在任何场合下都要注意，多让对方说，控制自己尽量不要提意见和建议，这一点非常重要。对心理咨询师来说注意这一点是非常关键的，其实在妈妈面对孩子的时候最忌讳的也是不断地提出自己的意见和建议。

比如前面提到的例子，孩子前一天晚上玩游戏玩到很晚，早上起来还没睡醒，磨磨蹭蹭，家长一般会说：“都是因为你玩游戏玩到那么晚！”孩子忘了做作业的时候，无论妈妈多么想倾听孩子的解释，也无法认可。

但是，共鸣不需要认可。

只要听孩子说话，然后对他表达自己懂得了就可以。

很难吗？

真的很难吗？那请您回忆一下，当您的孩子还是一个不会说话的婴儿时，您会尽全力去理解孩子，孩子是饿了吗？还是想尿尿？现在是不是很暖和、很开心？孩子哭的时候、不舒服的时候、满脸笑容的时候，您都会尽力理解孩子。

如果您已经回忆起来了一点点，就会觉得和孩子有共鸣不是件很难的事吧。

“不行吧，我来吧！”→
“我们一起做吧！”使孩子增强自信

“你在干什么啊！真是什么都不行，让开，还是我来吧。”

孩子做事情的时候家长有时就会忍不住这么说。

是啊，比如孩子在帮忙做饭的时候要切菜，或者在做作业里的算术题时，我很理解妈妈们看不下去了的心情，但是请您一定要忍住。

就算孩子做得非常慢，方法也不巧妙，但他也是在倾尽全力解决问题，也有可能还做不好，或者没达到预期的效果，也有可能最后以失败而告终的情况。

但这些都是前进的必经之路。

前人都说“失败是成功之母”“失败是成功的源泉”。这是对的，但需要一个条件，就是自己是否有前进的欲望。

把对孩子说“不行吧，我来吧！”转变为

“我们一起做吧！”，可以增加孩子的自信。

心理学把这个条件叫作“自我决定”。只有在自我决定的前提下，人才会有自发的动力，才会从失败走向成功。

最近脑科学成功地验证了这一点，就是在自我决定的前提下，失败并不一定是坏事，失败在大脑系统中是作为成功源泉的积极信息被处理的，这已经得到了证实。

但被迫做事情又会怎样呢？

失败会瓦解自信，主动性也不断减少。

自我决定理论是罗切斯特大学的爱德华·L. 德西教授提出来的，德西教授还发表了很有意思的实验结果。他做了一个实验，给大学生出题目，看解题态度是否受到能否得到报酬的影响（态度是主动的还是被动的）。

德西教授让第一组学生做自己喜欢的题目，同时付钱给第二组学生让他们做题。最开始学生们都很喜欢做题，但付钱之后，可以明显看出第二组学生是在为钱做题。

一旦导入金钱报酬的概念，学生们就开始受报酬的控制了。因此我们就能明白金钱报酬已经胜过自发的动力了。

我们再次回到正题。

孩子是通过各种体验来学习的，他们吸收知识的能力超过大人的想象。要使孩子充分发挥吸收知识的能力，就必须让他们有内驱力，也就是自我驱动的能力，这非常重要。

请您一定要知道，对孩子想做的事用语言加以否定会大大削弱孩子的能力。

那么在这样的情况下应该跟孩子说些什么才有助于孩子的

成长呢？

“这不是很棒嘛，你自己就能做到啦！”

“我们一起做吧。”

对孩子这么说怎么样？这样孩子一定会从自己的进步中获得满足感，就算失败了也能得到很多智慧和力量。

“快点儿收拾好！”→“我觉得会很舒服。”使孩子提高自主能力

“你还在干什么啊？赶快做作业！”

“我不是告诉过你要把东西收拾好！”

大家肯定说过相同的话吧。

我身边只要聚了几位妈妈就会听到她们叹着气说：“真不知道要说多少遍孩子才能明白”“说了多少遍都不听，真是受够了”。

那时我是这样回答的：“孩子不听话那是理所当然的。家长应该做好对应。”

然后妈妈们一起用惊讶的目光看着我。

好像是在问我：“你竟然说孩子不听家长的话是理所当然的，那家长该怎么办啊？”

其实，妈妈们经常说的“你应该这样做，应该那样做，那么做不行”，也就对幼儿园小班的孩子有用，孩子再长大一点儿就会渐渐进入叛逆期，会顶嘴，或者怎么说也不听，这样妈妈

反而会更加频繁地说教孩子。

这是经常能见到的画面吧。

孩子到了一定的年龄就会萌生自我意识，因此不会像之前一样妈妈说什么就听什么。自我意识的萌生对孩子内心的成长来说是非常重要的，妈妈们对此应该开心才是。

什么样的语言对培养重要的自我意识会有帮助呢？

“妈妈想看看你的汉字学得怎么样了。”

“妈妈觉得收拾干净了一定会很舒服。”

这么说怎么样？这样既传达了家长的想法，又把决定权交给了孩子自己。只要坚持这样说，孩子一定会有很明显的变化。

“你想磨蹭到什么时候？”→
“妈妈很担心你。”使亲子产生共鸣

“你真是干什么都拖拖拉拉的。”

“要磨蹭到什么时候啊？马上就要上学迟到了！”

这些话我们也经常说。

可是这些话是越说效果越差，因此家长就会更加焦虑。

这样的话和前面提到的命令式的语言一样，会招致孩子的反感。

真正有效的是“第一人称语言”。以“父母效能训练”（P. E. T.）而被人们熟知的托马斯·戈登博士非常提倡使用

“第一人称语言”，只要您把说话的主语从第二人称“你”“你们”，变成第一人称“我”“我们”，对方就能听进去您说的话。

大家想想这一节开头的第一句话应该怎么说呢?

对了，第二句话“要磨蹭到什么时候啊”其实省略了主语“你”或“你们”。如果换成“第一人称语言”的话就是这样的:

“如果你能想到很多事情是现在必须做的，那我（妈妈）会很开心的，你也会帮了妈妈的大忙。”

“马上就要上学迟到了，妈妈（我）真的很担心。不过抓紧时间的话，应该没问题。”

大概就是这样吧。

换成了“第一人称语言”之后的话，和之前不由分说地命令是不同的，孩子会跟父母共情。共情后就可能有“我能帮到妈妈，那我就赶快做吧”“妈妈在担心呢，我抓紧点儿吧”等想法。

您可能会疑惑，真的会这样吗?

那么您可以换位思考一下。

比如早上正忙的时候，您先生发现他的衬衫没有熨。

如果您先生说:“我不是告诉过你衬衫要在前一天熨好吗?”

您会作何感受呢?您如果说:“你也太自私了，没看我正忙得不可开交吗?”那估计就会吵起来了。但是如果先生这样说会怎么样呢?

“总让你费心啊，老婆。要是能在前一天熨好，我会很开心的。”

那么听到这话的人感受可能非常不一样吧。

第3章

口头语变了，亲子交流也会得到改善

哎呀！
真是的，
你们赶快
停手吧！
呀——呀——
你们
适可
而止！
……
哎？
真是太累了。
得了，你们想
怎么样就怎么
样吧。
唉
呀——
呀——
哇——
哇——
PHP
文庫

另一天
哇
呀
嘿
哈
我只是不小心撞到你了，不是故意的。
啊！哥哥踢我！
怎么会变成这样的？
你们每个人的话我都听了。
好，你们现在开始打架吧。
我想说的话都已经说了。
我也已经不生气了，好像没有打架的必要了。

对争吵中的孩子们说“赶快动手吧”的斯皮尔伯格式父母

一家里如果有兄弟姐妹的话，吵架是家常便饭。尤其是有几个男孩儿的家庭，打架打得更厉害，肯定很多妈妈都为之头疼。

孩子打架的时候妈妈们会怎么办呢？可能有人会用盖过打架声的怒吼制止孩子吧，也有就此唠叨、说教不停的妈妈。

大家知道美国著名导演史蒂芬·斯皮尔伯格吗？就是导演过著名的《E. T. 外星人》和《侏罗纪公园》的那位，他在电影中安排了很多恶作剧，因为他小时候就特别喜欢恶作剧。

他小时候有时会把妹妹喜欢的玩具娃娃的头剪下来，悄悄放在厨房的西红柿和生菜中间。妹妹发现之后惊恐地大叫，于是两个人就开始吵架。

对于他们的争吵，他们的妈妈莉亚是这样处理的，她把孩子轮流叫过来，让每个人仔细说为什么会吵架。在听了每个人的诉说之后，她这样说：“好了，我明白是怎么回事了，现在你们开始吵吧。”

接下来会怎么样呢？

两个人没有再继续吵。因为妈妈听了他们的诉说，孩子们也主动思考了自己该怎么做才对。从此他们兄妹间的争吵就减

兄弟姐妹之间的争吵有助于孩子的成长，

最重要的是好好听每个人诉说。

少了，斯皮尔伯格开始拿爸爸送给他的 8 厘米相机淘气去了。

兄弟姐妹之间的争吵有助于孩子的成长，对于家长而言，最重要的是好好听每个人诉说。

倾听孩子的诉说，接受孩子的感情。

这样做可以减少无意义的争斗，还可以让争吵变成成长的维生素。

父母能够包容一切，孩子才能说出“相信自己”

在全世界流行乐坛都非常有人气的 Lady GAGA，她常以奇特的服饰让粉丝们震惊，其实她从高中开始就有这种倾向，经常因自己与众不同的个性装扮而感到开心。就因为她这样，她曾经还有一段时间遭受过校园霸凌。有的同学在她的储物柜门上写骂人的话，还有人总在走廊里骂她，有时还有男同学把她抱起来扔进垃圾桶里。

GAGA 有时会觉得自己是否太异类了，可是她的妈妈辛西娅说：“你一点儿也不怪，但你不要去跟欺负你的人对着干。你只要相信自己是很特别的，并且要让自己的内心变得强大。”

她说妈妈的话给了她极大的勇气。

辛西娅也是个普通的妈妈，她也会对 GAGA 在舞台上的奇装异服感到担心，不知道女儿的脑子是否有问题，也害怕女儿饮酒过度。

训斥孩子、大声地骂孩子其实根本起不到让孩子听话的效果，

久而久之还会引起孩子的心理问题。

不过她爱女儿的全部，接受女儿的一切，相信女儿。

正因如此，GAGA 才能告诉自己：“相信自己。”如果 GAGA 的妈妈不是完完全全地接受女儿，不信任女儿的话，那么，她在女儿受到欺凌的时候就可能会对女儿说：“你别打扮得那么惹人眼不就行了吗！”

孩子的每个年龄段都有不同的特点

孩子的每个年龄段，从 1 岁、2 岁、3~9 岁为止都带一个“つ”。

人们常说带有“つ”的年龄是一个人性格形成的最重要阶段。这里的“つ”是“包む”① 的意思。

下面我们来学学这个汉字吧。

“包む”的“包”从侧面看是人的形状。“己”的原型是“巳”，是胎儿的形状。所以“包”最初表示的就是肚子里怀着胎儿的形状。

肚子里怀着胎儿的时候，妈妈不会对胎儿不满或生气。只是一味地希望孩子健康成长，非常珍重地“拥抱”着胎儿。

当孩子还在带着“つ”的年龄，怀着这样的心情是非常重要的。

---

① 包围、拥抱的意思。

请大家再次回想孩子出生后还是小婴儿的时候。

有时哭，有时饿，或者尿尿了，父母事无巨细，都会关怀，孩子笑的时候您也跟着笑。无条件地接受孩子，充满慈爱，这就是“包容”。

胎儿还在妈妈肚子里的时候能够依靠的就只有妈妈一个人。

只要妈妈在，孩子就会很安心地发育、出生。

刚出生的时候也是这样的，妈妈无条件地拥抱孩子，孩子就会很安心。这种安全感的重要性和乳汁、营养一样。不，是比它们还重要的维生素。

家长的训斥和怒火是孩子做出问题行为的导火索

家长训斥孩子、大声地骂孩子其实根本起不到让孩子听话的效果，久而久之还会引起孩子的心理问题。这些我不仅在自己的书中提到了，而且在很多年前我就一直这样和孩子的父母说。

最近匹兹堡大学教育心理专业的研究团队发表了他们的研究成果，也证实了这一点。他们花两年时间采访了976个家庭中的十三四岁且双亲健在的孩子，发现了对孩子发脾气和孩子的问题行为之间的相关性。

结果发现，如果父母经常对孩子发怒，孩子有问题行为的概率会大大增加，得抑郁症的概率也会增加。

在这项研究发表之后，耶鲁大学的心理学及儿童精神医学教授阿兰·凯兹丁再次论证了怒斥孩子的教育方法会对孩子的精神和身体造成双重伤害，他说：“作为父母最重要的是接受孩子、爱孩子、抱紧孩子。”

而且他还说：“对孩子发怒，可能在当时能阻止孩子的行为，但并不能让孩子在未来像父母要求的那样做。父母需要做的是正确认识孩子的行为，观察好的做法，然后表扬孩子。能做到这一点，孩子就会对父母产生敬意，并减少不好的行为。”

在读了这些相关的研究成果之后，我忽然意识到在几百年前的江户时代曾经有一本《育儿书》就写过同样的事。

在介绍这本书的内容之前，我先来聊一聊人们是如何评价从江户时代到明治初期日本人对待孩子的方式的。

江户时代的育儿理念和卢梭的教育理念的共通之处

曾经有很多外国人在江户末期至明治初期到日本来。很有意思的是，他们中的大多数都惊异并感叹于当时日本人的育儿方式。

“我从来没见过有人会这么爱自己的孩子”，“对孩子的崇拜，日本比美国更加普遍，我觉得日本的方式是最好的”。（伊莎贝拉·巴得，英国旅行作家）

“在全世界，日本是最重视孩子并对孩子关怀最深的国家”“绝对不会把孩子一个人留在家”。（爱德华·莫尔斯，写过《日本见闻录》的美国动物学家）

让人吃惊的是，荷兰的海军军人威廉·卡滕代克曾说过日本人的幼儿教育和卢梭在《爱弥儿》中的许多主张很相似。他感叹地说：“一般父母都非常喜欢爱抚幼儿，这种爱不分身份高低，所有的家庭都这样。父母会照顾孩子，并且会让孩子自由玩耍，基本上是全裸着身体在路上奔跑。无论孩子多么调皮，都看不到父母训斥或惩罚孩子。父母对孩子的爱几乎接近于溺爱，我从没在其他地方看到过这么快乐、幸福的孩子。”

我觉得这和卢梭提倡的自由教育是一致的。

另外，作为第一个登上富士山的外国人而广为人知的第一任英国驻日大使卢瑟福·阿礼国是这样赞美日本幼儿教育的：“英国在实施近代教育后从孩子身上剥夺的每一个优点，在日本孩子身上还保留着。日本的孩子是自然之子，他们玩着符合自己年龄的游戏并乐在其中，没有装成大人的样子。”

怎么样？是否有点儿意外？日本人本来是有放手培养孩子的肥沃土壤的！

江户时代的“表扬育儿法”预见了 21 世纪的研究发现

下面，我们再来回忆一下前面提到的匹兹堡大学的研究成果，以及基于此成果，耶鲁大学的凯兹丁教授所说过的话。

教授说：“对孩子发怒，可能在当时能阻止孩子的行为。但并不能让孩子在未来像父母要求的那样做。父母需要做的是正确认识孩子的行为，观察好的做法然后表扬孩子。能做到这一点，孩子就会对父母产生敬意，并减少不好的行为。”

我再来引用一段和这个意思差不多的《育儿书》上的文字。

“在孩子做坏事的时候，与其惩罚孩子，不如在他做对了的时候好好地表扬他，幼小的心灵一欢喜就会想再次被表扬，自然就会想要做好事了。接着又会从想要做好事自然而然地变成喜欢做好事，最终就会懂得为善的真谛。如果孩子做坏事的时候大人惩罚了他，但孩子内心不服，因为害怕惩罚，下次做坏事的时候就会隐瞒大人，不让大人知道。隐瞒坏事和撒谎的习惯是酿成大恶的根源，孩子甚至会成为恶人，所以没有解开心结，一味地让孩子恐惧是不对的，应该心平气和地跟孩子说话，教诲孩子。”

怎么样？

这是江户后期的心理学者、《育儿书》的作者胁坂义堂的话。21 世纪美国大学发表的研究结果，他在那个时代就已经提出了，挺令人吃惊的吧？

在江户时代访问日本的外国人对当时日本的育儿方式感到如此的震惊，一个原因就是那个时代出版了很多育儿书。

刚刚提到的胁坂义堂的话也被江户时代的另一本育儿书引用过。我们也许应该重新思考一下日本人育儿的原点了。

种树关键是从树苗到两三尺高的时期

我再用一节写一下江户时代的育儿情况吧。前面我曾说过要重视 1~9 岁这一年龄段，江户时期的育儿传统也强调要在幼儿时期给孩子充分的爱和充分的关注。

“我们看看人们是怎么种树的。种下一寸的树苗，悉心照料到长过一尺高，然后再不断浇水、不让虫子和蚂蚁吃树苗，不要把芽折断，直到树苗长到两三尺高，之后只要随便养养，这棵树就能长成粗壮的大树。如果从一寸长到两三尺的这段时间没有照顾好，即使有长成参天大树的势头，可树干太细，树枝稀疏，也根本长不到那么高，而且在长到两三尺之前就有可能枯死。”

以种树为例来论述育儿的是一位叫香月牛山的医生，他也写过育儿书。

像种树一样，孩子也需要慢慢地、

慢慢地投入时间和慈爱来培养。

养育孩子还真的跟种树一样。

江户时代的商人在育儿方面以下面这句话为座右铭，“三岁育心，六学礼仪，九会措辞，十二做文章，十五懂道，则可定终身。”

“三岁育心”是说孩子的人格是在三岁之前形成的，所以在三岁之前要给孩子充分的爱，这样才能把孩子培养成能够关心他人的人。“六学礼仪”，就是孩子从六岁开始就要学习怎样打招呼、怎样拿筷子，掌握各种生活中的礼仪。

“九会措辞”是说孩子九岁就要会在说话或作文时选用合适的词句，对任何人说话都不失礼。“十二做文章”是说孩子十二岁就要从学习写简单的文章、书信开始，逐渐学习算术、经商所需的知识。“十五懂道，则可定终身”，到了十五岁孩子就不能靠死记硬背了，而要理解事物的本质，这决定着孩子今后能否成功。

“心”是操纵大脑和身体的线

前面说的虽然是商人的育儿之道，但有种说法是“一般，人是由大脑、身体和心三部分构成的”。这个提法和现代的科学很相近，我觉得很有意思的是“心是操控木偶的线绳”这一点。

这是什么意思呢？

“如果粗暴地拉绳子操纵人心，那说出来的话也会很粗暴。表情就会很诡异，动作和行为也会很粗暴。但是如果慢慢地拉绳子，心就会很平稳，语言和动作也就很温和。三年之中每天一根绳子，到三岁就可以有 1000 根绳子了，所以孩子还是要慢慢地、慢慢地投入时间和爱来培养。”

怎么样？是不是非常棒的育儿经啊？

香月牛山以种树为例论述幼儿时期对孩子的关心和爱护非常重要，其实和上面这段话的道理是相通的。

只要 3 岁之前好好地滋养孩子的心，之后 6 岁时学好礼仪，9 岁时学会措辞，12 岁时学会应该学的，都是顺理成章的事。

从我做心理咨询师的经验来看，幼儿期最重要的就是用爱来拥抱孩子，爱是滋养孩子最好的维生素，这也是我一直在这本书中反复强调的。

江户育儿的“三个心”其实也是类似的观点，这让我更加佩服江户时代的育儿能力了。

我再介绍一个类似的故事。

“我们家的爸爸一休息就窝在沙发里无所事事，真没劲儿。”

“妈妈不能给你买新衣服了，我也是没办法，谁让咱们家爸爸赚钱少呢！”

您有没有在孩子面前这么说过呢？

对于完全不管孩子、完全不帮忙做家务的丈夫，妈妈忍不住想抱怨几句的心情我很理解。但在孩子面前说就不太好了，尤其是家里有男孩儿的话，妈妈一个人经常会忙不过来，有时需要爸爸来帮忙。

如果平时妈妈经常在孩子面前说爸爸的不是，孩子就不会听爸爸的话了。不仅如此，孩子还会觉得爸爸妈妈吵架都是自己的错，都是因为自己不听话。

我很早以前就一直强调这一点。很有意思的是，江户时代有个叫江藤树的人在他的著作《鉴草》里也提出过类似的观点，“很多妈妈把丈夫的缺点和过失当作笑话讲给孩子听，这就是在教孩子不孝，对父母不孝都是从发现了父母的缺点开始的。”

他还写道，只要自己坚持爱别人，身边的人自然就会发生变化。责备别人，就是自己没有坚持爱他人了。

另外，还有一本书写道：“孩子两岁之后，妈妈就要每天早上抱着孩子，让孩子双手合十向爸爸行礼。等孩子会走了，就要教他给妈妈行礼。接着就要教他给爷爷奶奶行礼，见到其他人也要打招呼。不会说话的宝宝就要妈妈抱着行礼。”

每天早上都给爸爸行礼就不必强求了，但那份心情最好还是保留下来。或者妈妈可以抱着孩子跟爸爸说“早上好”“你慢点儿走”“你回来啦”。

这么做即使在今天也是非常重要的。

用爱来拥抱孩子，爱是滋养

孩子最好的维生素。

稍作改变就能让孩子和父母都改变的魔法语言

最近有一本外国人写的关于日语的书——《让人吃惊的日语》成为热门话题。虽然有点儿偏离主题，但我还是想用一点儿篇幅谈一谈。

作者在书中指出：“日语可以用很少的字来表达很丰富的语气。”比如有人问：“你今后也会结婚吧？”

可以有下面几种回答：

会结。

会结啊！

可能会结吧。

会结吧。

大概会结。

会结，会结。

我是打算结的。

怎么可能不结。

“する”一个动词就可以表达这么多的语气。如果同样的话用英语说就要用很多完全不同的词语。

这很有意思吧。

在此我想让大家注意的是“する”[①] 这个动词，只要它后面接尾的词发生变化，说话的语气就会随之变化。

比如命令式的“做”就可以马上换成五种其他方式。

请你做××。

请你做××吧。

要不要做××？

你能做××吗？

你要是能做××就好了。

好好想的话一定还有其他更多的说法。

同样，命令式的“别做了”也可以换成其他五种说法。

请你别做了。

别做了吧。

要不要不做了？

可不可以不做了？

你要是能不做了就好了。

这些说法比起命令式的说法，孩子听起来的感受会截然不同的。

“抓紧给我学习去！”

“请你（在饭做好之前）学习吧。”

“要不，开始学习吧。”

“你可以快点儿开始学习吗？”

---

① 经常接在其他动词之后用于变形的动词，又称为万能动词。

怎么样？虽然说的是同一件事，可听起来很不一样吧。

其实我这里想说的并不是让妈妈改变自己的态度，而是即使您是在心中怒吼“快点儿去学习”，也请您尝试改变一下说话方式。

改变态度不是一件容易的事，可是把同样的话说得富有正能量一点儿还是比较容易的吧。而且随着语言的微小改变，内心的想法也会自然跟着变化。

是不是很不可思议？

但是根本没什么不可思议的。上一节我不是介绍过江户育儿经里的“心是操纵玩偶的线”那段话吗？内心和语言是紧密相连并互相改变的。总是对孩子用命令的语气让他们做事情，您自己的内心也会渐渐变得独断专行。但是，如果语言变得温柔一点儿，内心也会变得温柔起来。

学习也是玩儿？寓教于乐亲子乐翻天

大家知道说相声组合“庐山”[①] 的宇治原史规吗？他毕业于京都大学，还经常参加电视的猜谜节目。

据说他小时候从没觉得学习苦，我还看过他在电视上讲原因。

① 日文原名“ロザン”。

他说自己小的时候一旦觉得无聊了，他妈妈就会在广告纸的背面写语文或者数学题，然后递给他说：“你用这个来做游戏吧。”

他说：“我妈妈就是这样把我养大的，我一直以为学习就是做游戏呢！”

多么简单的一件事，可是对孩子的影响却是巨大的。

几乎所有的爸爸妈妈都会说：“你别只顾着玩儿，也学习一会儿吧！”总是反复这样地说，孩子就会觉得游戏是让人快乐的事，学习是让人痛苦、讨厌的事，这个意识会逐渐定型。不管是谁都知道快乐比痛苦好，所以孩子肯定会越来越讨厌学习。

相反，我猜想宇治原先生的妈妈肯定不是把题写下来交给孩子就完事了，她肯定会偶尔和孩子一起做题。

比起命令，和父母一起快乐地学习是更好的体验。

前面我谈到的“包”字，这个字最初表示的就是肚子里怀着胎儿的形状。我在孩子尚小的时候就经常和他玩汉字游戏，其实就是猜谜语。我先教他认识了很多“木字旁”的字，然后问他：“木字旁加一个‘人’字是什么？”我们还一起认识了很多带“氵”的字，然后我又问：“‘氵’加一个‘口’字是什么？”

就是类似这样的游戏，木字旁加一个“人”字是“匹诺曹”，“氵”加一个“口”字是“口水”。当然了，并不存在这样的汉字组合，我是想说在孩子开始正式学汉字时，用推理的办法来记忆会很有意思。

祖父母不得当的教育产生的负面效果会影响三代人

最近“育儿爷爷”“育儿奶奶”等词语越来越流行，可见爷爷奶奶的育儿参与度越来越高了。在日本原本就有将祖孙三代放在一起考虑育儿活动的模式。

例如，家庭收入始终位居全日本榜首的福井县一直保持着这个育儿模式，这样女性去工作的可能性变大了，就可以提高家庭的收入。

祖孙三代放在一起的育儿活动模式有很大的优点，也有很多现代的问题。最大的问题就是爷爷奶奶过度关心，对育儿干涉过多。

最近有一位妈妈来找我商量，说家里的老人管孩子管得太多，让她很困扰。

在听了她的详细诉说之后我发现，这位妈妈也是总被自己的父母唠叨。

而引起问题的是她的父母，也就是孩子的外公外婆，老人跟他们住在一起，而且要参与育儿活动。

热心参与育儿活动是好的，可是他们教育孩子就像当年教育自己的女儿一样，而且当女儿教育外孙的时候，他们总是批评孩子的妈妈：“你真是什么都不行！”

很多人从小就被父母唠叨、批评，现在有了自己的孩子本来想用另一种方式来教育，可最后发现自己还是在用自己父母的方式教育孩子。

这位妈妈就是，一家三代人都陷入自我否定的恶性循环中无法自拔。

在前面谈亲子关系的章节里我已经提到了，亲子关系的基础是慈爱和信赖，缺少慈爱和信赖，孩子是很难健康成长的。

父亲的作用体现在细节中

之前的章节都是在讨论如何做父母。

如果看比重的话，可能还是面向母亲的内容更多一些，所以在最后我想用一点儿篇幅说一些跟父亲相关的内容。

在育儿过程中妈妈有时会疲于应对，所以爸爸的参与是非常重要的，这里我只想说一点，爸爸在参与育儿活动的过程中不要做和妈妈一样的事情。

有很多事是只有爸爸能做的。

其中我尤其想说的一件事就是当妈妈把孩子逼得很紧的时候，爸爸要出来当挡箭牌。著名的教育学者、在育儿方面很有经验的汐见稔幸老师（白梅学园大学校长）曾经说过这样一则趣事。

有一天，爸爸下班回家正好碰到妈妈在训孩子。妈妈宣称不给孩子晚饭吃，以此惩罚孩子。爸爸听了事情的经过，之后默默不语地摸了摸孩子的头说：“好的。那爸爸今天晚上也不吃饭了。”

我是很久以前在杂志上看到这个故事的，可能记得不完全正确，但大概就是这样。

这位爸爸非常让人佩服的第一个做法就是他虽然刚刚回家，但并没有对这件事置若罔闻。他认真地听了事情的经过，然后并没有否定妈妈。

在这种情况下如果要当孩子挡箭牌的话，可能很多爸爸都要反对妈妈的做法了。那样的话会让妈妈没有面子，在孩子面前否定妈妈，孩子以后就更不听话了。这位爸爸的另一个让人佩服的做法，就是他能和孩子站在同一条战线上共同承担后果。

这则小故事集中地展现了爸爸需要注意的几个重点。

互相信任的亲子关系能
帮助孩子肯定和相信自己

我在序章中提到过“家长的表情比口头语更能影响孩子”。有时候话可能说得很轻，但表情表现出来的意思是在否定孩子的话，孩子会受到更大的伤害。

但是，表情还能产生完全相反的效果。

比如即使表情表现出来的是完全地接受孩子，可是嘴上却

无论发生了什么事，孩子能

依靠的只有爸爸妈妈的爱。

说：“真是拿你没办法，说多少遍都是白费”，孩子还是会伤心。

一切的基础不是语言，而是亲子关系。

亲子关系又是建立在彼此信赖的基础之上。

如果家长能够完完全全地接受孩子的优点和缺点，孩子就能很放心地信任家长。如果孩子发自内心地觉得家长爱着自己，他的自我肯定感就能提高，进而产生自信。

比如孩子即使做事失败了，如果您对他说：“没关系的。你下次一定能成功。”孩子的自我肯定感和自信心都会增加。孩子的反应还能进一步增加亲子之间的信赖。

所以，我在这本书中写的一切，最终都会回归到如何建立以信赖为基础的亲子关系上。

无论发生了什么事，孩子只能回自己家，能依靠的只有爸爸妈妈的爱。